Kidsbooks®

Visit us at www.kidsbooks.com

Treasure Hunt

Answers on the back.

Find 10 differences between the picture on the left and the one on the right.

Find two sets of two objects that rhyme with each other.

Search, find, and circle these 10 things.

BASKETBALL

BIRDS' NEST

CLOWNS (2)

FLOWERPOTS (4)

GINGERBREAD MAN

JACK-O'-LANTERN

MONKEY

MUMMY

PARKING METER

PENCIL

ANSWERS

Treasure Hunt

Find two sets of two objects that rhyme with each other.

parrot
carrot
hook
book

Find 10 differences between the picture on the left and the one on the right.

Search, find, and circle these 10 things.

BASKETBALL

BIRDS' NEST

CLOWNS (2)

FLOWERPOTS (4)

GINGERBREAD MAN

JACK-O'-LANTERN

MONKEY

MUMMY

PARKING METER

PENCIL

On the Road

Solve this rebus puzzle to find out the name of something that would be on the road.

_ _ _ _ _ _ _

_ _ _ _ _ _

-G+ ... -R-AY+

-P-N+ ... -IN+

-R-MAID+ ... -URNIP+

-GG+ ... -ABBIT

Find three sets of two objects that rhyme with each other.

Search, find, and circle these 10 things.

CHICKENS (3)

DUMBBELL

FOX

LIGHTHOUSE

MAGNET

MICE (2)

MUMMY

ROBOT

TEAPOT

TOTEM POLE

Answers on the back.

ANSWERS

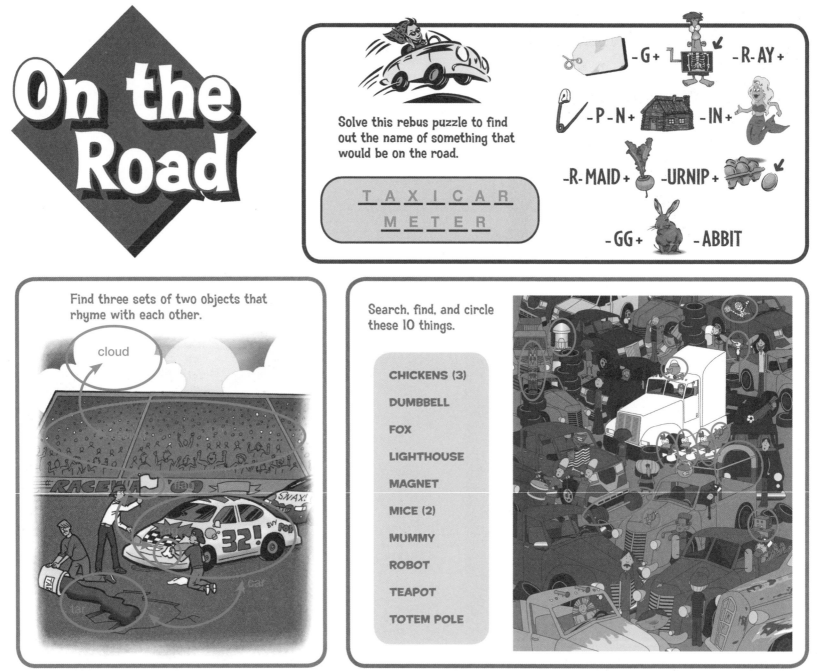

On the Road

Solve this rebus puzzle to find out the name of something that would be on the road.

T A X I C A R
M E T E R

-G+ ... -R-AY+

-P-N+ ... -IN+

-R-MAID+ ... -URNIP+

-GG+ ... -ABBIT

Find three sets of two objects that rhyme with each other.

cloud

RACEWAY

SNAX!

32!

BUY POP

tar

car

Search, find, and circle these 10 things.

CHICKENS (3)

DUMBBELL

FOX

LIGHTHOUSE

MAGNET

MICE (2)

MUMMY

ROBOT

TEAPOT

TOTEM POLE

Take Me Out to the Ball Game

Word Search

```
X G Y I B U L L P E N Q V L
J E L G Q I Y R U I V B D L
S M T B B F M E C R P R C B
P I S N Q P V F X O K X O A
M V S H Y W I J U N F B Y R
C J P K O F N T T O I J I R
C A L Y Q R F M C Q M K E E
I A T I Q I T E G H S P K T
W Y N C E B B S X Y E N I T
Q U R L H W A S T R Z R R I
M I D E J E T T M O M R T H
P E K E V E R U T Y P A S X
R L S Y A Q A P E E G T K H
K N U L O R T R D P R E E U
```

Find these things that have to do with baseball in the word search. Look up, down, backward, forward, and diagonally.

BATTER	**PITCHER**
BULLPEN	**SHORTSTOP**
CATCHER	**STEAL**
HITTER	**STRIKE**
OUTFIELDER	**WALK**

Maze

Follow the path from Start to Finish to get around the bases to home plate.

Seek and Find

Search, find, and circle these 10 things.

APPLE CORE

BANANA PEELS (3)

BASKETBALL

BONE

CLOWN

DUCK

HAMBURGER

MOUSE

ROLLER SKATES

YO-YO

Answers on the back.

ANSWERS

Take Me Out to the Ball Game

Find these things that have to do with baseball in the word search. Look up, down, backward, forward, and diagonally.

BATTER	PITCHER
BULLPEN	SHORTSTOP
CATCHER	STEAL
HITTER	STRIKE
OUTFIELDER	WALK

```
X G Y I B U L L P E N Q V L
J E L G Q I Y R U I V B D L
S M T B B F M E C R P R C B
P I S N Q P V F X O K X O A
M V S H Y W I J U N F B Y R
C J P K O F N T T O I J I R
C A L Y Q R F M C Q M K E E
I A T I Q I T E G H S P K T
W Y N C E B B S X Y E N I T
Q U R L H W A S T R Z R R I
M I D E J E T T M O M R T H
P E K E V E R U T Y P A S X
R L S Y A Q A P E E G T K H
K N U L O R T R D P R E E U
```

Follow the path from Start to Finish to get around the bases to home plate.

Search, find, and circle these 10 things.

APPLE CORE
BANANA PEELS (3)
BASKETBALL
BONE
CLOWN
DUCK
HAMBURGER
MOUSE
ROLLER SKATES
YO-YO

Music to Your Ears

Use the pictures below to complete this crossword puzzle about musical instruments.

Down
1
2
4

Across
3
4
5
7

Solve this rebus puzzle to find someone talented and famous.

$-$ 1G $+$

$-$ M $+$

_ _ _ _

_ _ _ _ _

Find 10 differences between the picture on the left and the one on the right.

ANSWERS

Music to Your Ears

Solve this rebus puzzle to find someone talented and famous.

$-1G +$

$-M +$

<u>P</u> <u>O</u> <u>P</u>
<u>S</u> <u>T</u> <u>A</u> <u>R</u>

Use the pictures below to complete this crossword puzzle about musical instruments.

Down
1
2
4

Across
3
4
5
7

```
                              ¹K
              ⁷S L I D E      E
                              Y
          ⁴S T R²I N G S
⁵M A L L E T   E
          I   E
          C   D
       ³P I C K S
```

Find 10 differences between the picture on the left and the one on the right.

Feathered Friends

Solve this rebus puzzle to learn the name of a beautiful yellow bird often seen at bird feeders.

-H-M+I+ 🕯️ -D-L-E

-A+D+ 👉 -G-E+

A+T- 🐀 + -I-P

___ ___ ___ ___ ___ ___ ___ ___
___ ___ ___ ___ ___ ___ ___

Follow the path from Start to Finish to help the penguins get to the water.

Find these types of birds in this word search.
Look up, down, backward, forward, and diagonally.

P	J	W	R	E	N	D	J	S	J	H	B	M	C
G	H	J	I	Q	Q	O	H	G	U	L	H	O	R
U	L	C	K	P	N	O	B	M	U	N	E	C	L
A	L	C	C	U	R	R	M	E	U	C	R	K	O
T	W	M	X	E	B	I	B	K	G	C	O	I	G
M	I	O	B	K	N	I	Z	C	H	L	N	N	E
R	S	I	O	G	R	Q	M	U	J	B	N	G	N
I	R	P	B	D	X	C	S	D	R	K	T	B	C
D	M	I	A	A	P	J	R	S	A	Q	C	I	X
P	R	U	C	R	B	E	U	L	C	R	X	R	X
D	T	B	G	J	R	S	C	U	F	O	B	D	T
Y	W	X	R	D	A	O	R	K	D	T	C	J	L
Y	O	R	E	L	Q	J	W	M	E	S	O	X	D
N	G	M	R	E	L	B	R	A	W	R	T	V	K

BLUEBIRD

DUCK

HERON

HUMMINGBIRD

MOCKINGBIRD

SHOREBIRD

SPARROW

WARBLER

WOODPECKER

WREN

ANSWERS

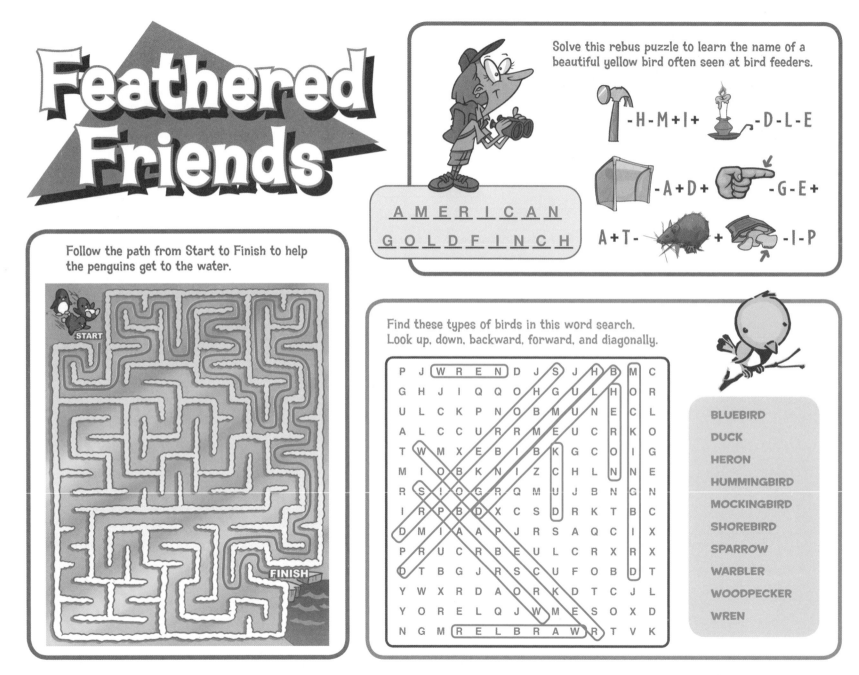

Feathered Friends

Follow the path from Start to Finish to help the penguins get to the water.

START

FINISH

Solve this rebus puzzle to learn the name of a beautiful yellow bird often seen at bird feeders.

-H-M+I+ [candle] -D-L-E

[net] -A+D+ [pointing hand] -G-E+

A+T- [rat] + [book] -I-P

A M E R I C A N
G O L D F I N C H

Find these types of birds in this word search.
Look up, down, backward, forward, and diagonally.

```
P J W R E N D J S J H B M C
G H J I Q Q O H G U L H O R
U L C K P N O B M U N E C L
A L C C U R R M E U C R K O
T W M X E B I B K G C O I G
M I O B K N I Z C H L N N E
R S I O G R Q M U J B N G N
I R P B D X C S D R K T B C
D M I A A P J R S A Q C I X
P R U C R B E U L C R X R X
O T B G J R S C U F O B D T
Y W X R D A O R K D T C J L
Y O R E L Q J W M E S O X D
N G M R E L B R A W R T V K
```

- BLUEBIRD
- DUCK
- HERON
- HUMMINGBIRD
- MOCKINGBIRD
- SHOREBIRD
- SPARROW
- WARBLER
- WOODPECKER
- WREN

Down on the Farm

Put the animal sound of each animal in the crossword puzzle.

ACROSS
1 Cat
2 Bird

DOWN
3 Horse
4 Pig

Follow the path from Start to Finish to help the farmer get through the cornfield.

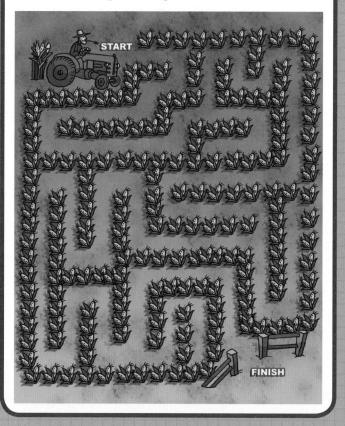

START

FINISH

Find these farm animals in the word search. Look up, down, backward, forward, and diagonally.

CHICKEN

COW

DOG

DUCK

GEESE

GOAT

HORSE

PIG

ROOSTER

SHEEP

M	F	Z	E	K	Z	U	J	G	M	W	O	B
E	J	M	C	Y	C	H	I	C	K	E	N	Z
O	Q	U	C	N	X	N	R	Q	I	A	V	T
Z	D	S	Y	C	J	U	O	L	F	K	V	K
K	A	Y	S	V	Y	P	O	X	T	K	D	E
G	B	R	T	B	H	U	S	W	R	H	Q	D
J	D	D	B	J	J	W	T	Q	E	Y	R	S
S	Y	O	V	K	O	X	E	G	Z	W	Z	H
H	T	U	G	C	W	N	R	J	F	C	E	O
E	J	G	H	Y	R	S	C	P	R	P	S	R
E	G	O	O	E	O	Y	Q	U	I	L	E	S
P	O	A	C	U	X	Q	V	G	W	L	E	E
K	R	T	U	E	F	E	A	J	W	N	G	Z

Answers on the back.

Down on the Farm

Follow the path from Start to Finish to help the farmer get through the cornfield.

Put the animal sound of each animal in the crossword puzzle.

across	DOWN
1 Cat	3 Horse
2 Bird	4 Pig

Find these farm animals in the word search. Look up, down, backward, forward, and diagonally.

CHICKEN

COW

DOG

DUCK

GEESE

GOAT

HORSE

PIG

ROOSTER

SHEEP

Carnival Fun

Find 10 differences between the picture on the left and the one on the right.

Search, find, and circle these 10 things.

- BASEBALL GLOVE
- BOWLING BALL
- COTTON CANDY
- FLAG
- FRANKENSTEIN'S MONSTER
- JACK-O'-LANTERN
- LION
- ROBOT
- SKATEBOARDS (2)
- UNICYCLE

Follow the path from Start to Finish to go around the Ferris wheel.

START   FINISH

Answers on the back.

ANSWERS

Carnival Fun

Find 10 differences between the picture on the left and the one on the right.

Search, find, and circle these 10 things.

BASEBALL GLOVE

BOWLING BALL

COTTON CANDY

FLAG

FRANKENSTEIN'S MONSTER

JACK-O'-LANTERN

LION

ROBOT

SKATEBOARDS (2)

UNICYCLE

Follow the path from Start to Finish to go around the Ferris wheel.

START   FINISH

Extreme Sports

Can you find the two pictures that are exactly alike?

Use the pictures below to complete this crossword puzzle about extreme athletes.

ACROSS

1

2

3

DOWN

1

4

Follow the path from Start to Finish to help the bikers get to the finish line.

FINISH

START

Answers on the back.

ANSWERS

Extreme Sports

Can you find the two pictures that are exactly alike?

Use the pictures below to complete this crossword puzzle about extreme athletes.

```
                                    ⁴S
                                     N
                    ¹S U R F E R     O
                      K              W
                      A              B
             ³P I L O T              O
                      E              A
                      B              R
                      O              D
                   ²H A N G G L I D E R
                      R              R
                      D
                      E
                      R
```

Follow the path from Start to Finish to help the bikers get to the finish line.

Icy Treats

Can you find the two pictures that are exactly alike?

Find two sets of two objects that rhyme with each other.

Find these things that have to do with ice cream in the word search. Look up, down, backward, forward, and diagonally.

BUTTER PECAN

CHOCOLATE CHIP

COOKIES AND CREAM

HOT FUDGE

RUM RAISIN

SPRINKLES

STRAWBERRY

SUNDAE

VANILLA

WAFFLE CONE

```
A P Y E X H J X O B I S B M U
P O W I K M Y S G T G U S A W
B I G E S A Y P J S T N P E M
R G H Z G N L N P T E D R R G
V M V C D D Q L E T Y A I C R
W P P J E F U R I R Y E N D R
B K R G R T P F R N G Z K N U
A X P O P E A E T Y A H L A M
W Q E U C T B L X O V V E S R
G X E A I W A O O I H T S E A
T M N Q A H N Z W C D K F I I
O Z H R L E P M V A O K S K S
L H T F T T M O V C Q H J O I
T S L C P I F S I W L F C O N
U E N O C E L F F A W T O C W
```

Icy Treats

Can you find the two pictures that are exactly alike?

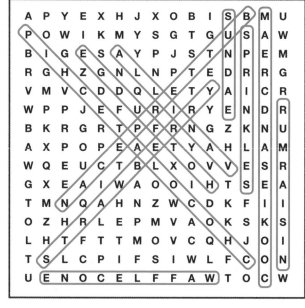

Find two sets of two objects that rhyme with each other.

phone

jar

cone

Find these things that have to do with ice cream in the word search. Look up, down, backward, forward, and diagonally.

BUTTER PECAN

CHOCOLATE CHIP

COOKIES AND CREAM

HOT FUDGE

RUM RAISIN

SPRINKLES

STRAWBERRY

SUNDAE

VANILLA

WAFFLE CONE

A	P	Y	E	X	H	J	X	O	B	I	S	B	M	U
P	O	W	I	K	M	Y	S	G	T	G	U	S	A	W
B	I	G	E	S	A	Y	P	J	S	T	N	P	E	M
R	G	H	Z	G	N	L	N	P	T	E	D	R	R	G
V	M	V	C	D	D	Q	L	E	T	Y	A	I	C	R
W	P	P	J	E	F	U	R	I	R	Y	E	N	D	R
B	K	R	G	R	T	P	F	R	N	G	Z	K	N	U
A	X	P	O	P	E	A	E	T	Y	A	H	L	A	M
W	Q	E	U	C	T	B	L	X	O	V	V	E	S	R
G	X	E	A	I	W	A	O	O	I	H	T	S	E	A
T	M	N	Q	A	H	N	Z	W	C	D	K	F	I	I
O	Z	H	R	L	E	P	M	V	A	O	K	S	K	S
L	H	T	F	T	T	M	O	V	C	Q	H	J	O	I
T	S	L	C	P	I	F	S	I	W	L	F	C	O	N
U	E	N	O	C	E	L	F	F	A	W	T	O	C	W

Movie Mania

Look at the letters in the box below. Figure out a phrase about singing that includes the word "GIG." Then fill in the lines below.

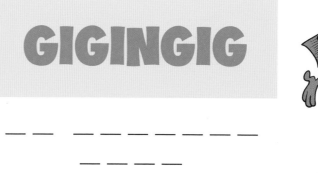

GIGINGIG

_ _   _ _ _ _ _ _   _ _ _ _

_ _ _ _

Search, find, and circle these 10 things.

FAIRY

FISHING ROD

GORILLA

RHINOCEROS

SCISSORS

SNOW GLOBE

STRAWBERRY

TIRE

VIOLIN

WATERMELON

Use the clues below to solve this crossword puzzle about movies.

ACROSS
2 Singing
8 Serious
10 Facing danger
11 Terrorize the audience.

DOWN
1 Real life stuff
2 Scary creature
3 No talking!
4 Lots of laughs
5 Cartoons
6 Magical realms
7 Aboard starships
9 Keep 'em moving.

ANSWERS

Movie Mania

Look at the letters in the box below. Figure out a phrase about singing that includes the word "GIG." Then fill in the lines below.

GIGINGIG

I N   B E T W E E N

G I G S

Search, find, and circle these 10 things.

FAIRY

FISHING ROD

GORILLA

RHINOCEROS

SCISSORS

SNOW GLOBE

STRAWBERRY

TIRE

VIOLIN

WATERMELON

Use the clues below to solve this crossword puzzle about movies.

ACROSS
2 Singing
8 Serious
10 Facing danger
11 Terrorize the audience.

DOWN
1 Real life stuff
2 Scary creature
3 No talking!
4 Lots of laughs
5 Cartoons
6 Magical realms
7 Aboard starships
9 Keep 'em moving.

Crossword answers:
- MUSICAL
- DOCUMENTARY
- MONSTER
- SILENT
- COMEDY
- ANIMATION
- FANTASY
- SPACE
- DRAMA
- ACTION
- ADVENTURE
- HORROR

Handy with a Hammer

Find these types of tools in this word search.
Look up, down, backward, forward, and diagonally.

AXE
CUTTER
DRILL
HAMMER
MALLET
SANDER
SAW
SCRAPER
SCREWDRIVER
WRENCH

```
S S D F M R U I Z H T R P Y
T C I R E P A R C S W A S Z
T T R I B Y R M I I F Z K E
E B X E D W H I O X X J Q D
L J A T W J R H A M M E R B
L L H X H D S E L A N Z V J
A R J F E A R L N O M V X T
M Y M O N V I I U C B J M L
W O U D R R Q G V X H C M V
S Z E H D Q M Y H E U P W R
P R I V R P S H W T R K W T
K D S I D C E H T F K Z Q F
S F G E G D U E K Y Y X X M
D D U X A C R D Y M J B A Y
```

Find two sets of two objects that rhyme with each other.

HARDWARE

How to Paint

Fill in the empty squares so that each row, column, and square box contains the numbers 1–9 only once.

						2		
8		3	2				9	
	4		9	7		6		
			7		9			1
	9	6	3		1	7	8	
3			5		6			
		5		3	4		1	
	6				2	4		3
		8						

Answers on the back.

ANSWERS

Find these types of tools in this word search. Look up, down, backward, forward, and diagonally.

AXE
CUTTER
DRILL
HAMMER
MALLET
SANDER
SAW
SCRAPER
SCREWDRIVER
WRENCH

S	S	D	F	M	R	U	I	Z	H	T	R	P	Y
T	C	I	R	E	P	A	R	C	S	W	A	S	Z
T	T	R	I	B	Y	R	M	I	I	F	Z	K	E
E	B	X	E	D	W	H	I	O	X	X	J	Q	D
L	J	A	T	W	J	R	H	A	M	M	E	R	B
L	H	X	H	D	S	E	L	A	N	Z	V	J
A	R	J	F	E	A	R	L	N	O	M	V	X	T
M	Y	M	O	N	V	I	I	U	C	B	J	M	L
W	O	U	D	R	R	Q	G	V	X	H	C	M	V
S	Z	E	H	D	Q	M	Y	H	E	U	P	W	R
P	R	I	V	R	P	S	H	W	T	R	K	W	T
K	D	S	I	D	C	E	H	T	F	K	Z	Q	F
S	F	G	E	G	D	U	E	K	Y	X	X	M
D	D	U	X	A	C	R	D	Y	M	J	B	A	Y

Find two sets of two objects that rhyme with each other.

HARDWARE

hook
collar
dollar
book
Paint

Fill in the empty squares so that each row, column, and square box contains the numbers 1–9 only once.

6	5	9	4	1	8	2	3	7
8	7	3	2	6	5	1	9	4
1	4	2	9	7	3	6	5	8
5	8	4	7	2	9	3	6	1
2	9	6	3	4	1	7	8	5
3	1	7	5	8	6	9	4	2
7	2	5	6	3	4	8	1	9
9	6	1	8	5	2	4	7	3
4	3	8	1	9	7	5	2	6

Back to School

Find 10 differences between the picture on the left and the one on the right.

Find two sets of two objects that rhyme with each other.

Solve this rebus puzzle to find something that would be an accessory to an outfit.

- N + (dress) - DRE + (envelope) - VEL - OPE + DANGER - D - AN + (bottle) - OT - TLE + (cat) - C - T + (dog) - D - O

___ ___ ___ ___ ___ ___ ___ ___ ___

___ ___ ___

ANSWERS

Back to School

Find 10 differences between the picture on the left and the one on the right.

Find two sets of two objects that rhyme with each other.

plane

hat

cane

cat

Solve this rebus puzzle to find something that would be an accessory to an outfit.

- N + ... - DRE + ...

- VEL - OPE + DANGER - D - AN +

- OT - TLE +

- C - T + ... - D - O

M E S S E N G E R

B A G

Reach for the Beach

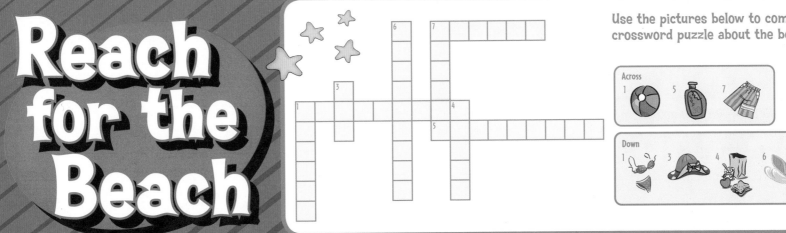

Use the pictures below to complete this crossword puzzle about the beach.

Across
1 5 7

Down
1 3 4 6 7

Search, find, and circle these 10 things.

ALLIGATOR

BONE

BOOK

COWBOY

ELEPHANT

KITE

MARSHMALLOW

MERMAID

SAILOR

SHOVEL

Find three sets of two objects that rhyme with each other.

ANSWERS

Reach for the Beach

Use the pictures below to complete this crossword puzzle about the beach.

Across
1 5 7

Down
1 3 4 6 7

Crossword answers:
7 TRUNKS
6 SURFBOARD
3 HIT / TOWEL
1 BEACHBALL
5 SUNSCREEN
BIKINI
LUNCH

Search, find, and circle these 10 things.

ALLIGATOR

BONE

BOOK

COWBOY

ELEPHANT

KITE

MARSHMALLOW

MERMAID

SAILOR

SHOVEL

Find three sets of two objects that rhyme with each other.

Whale

ocean

lotion

Lost in Space

Search, find, and circle these 10 things.

BEAR

CRAYONS IN A BOX

DICE

GIRL WITH PIGTAILS

LADYBUG

PALM TREE

PIG

PRAIRIE DOG

SNAKE

WITCH

Guide this alien to the spaceship by choosing the path made of odd numbers only. You can only go up and down—not diagonally.

Start

6	21	5	
7	3	8	2
15	10	16	8
1	7	13	1
16	8	9	6
4	6	5	2
11	11	3	1
3	4	5	2

Finish

Find 10 differences between the picture on the left and the one on the right.

Answers on the back.

Lost in Space

Guide this alien to the spaceship by choosing the path made of odd numbers only. You can only go up and down— not diagonally.

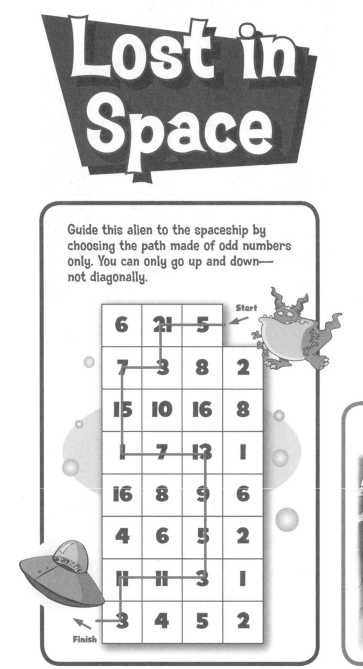

6	21	5	**Start**
7	3	8	2
15	10	16	8
1	7	13	1
16	8	9	6
4	6	5	2
11	11	3	1
3	4	5	2

Finish

Search, find, and circle these 10 things.

BEAR

CRAYONS IN A BOX

DICE

GIRL WITH PIGTAILS

LADYBUG

PALM TREE

PIG

PRAIRIE DOG

SNAKE

WITCH

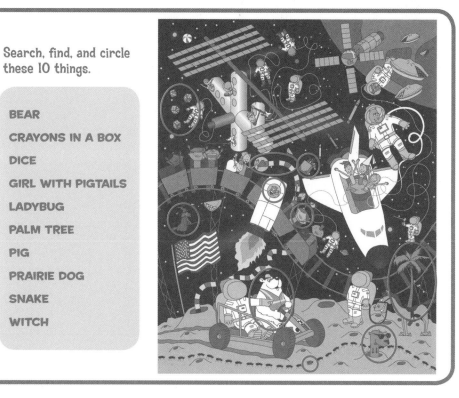

Find 10 differences between the picture on the left and the one on the right.

Ready, Set, Go!

Find 10 differences between the picture on the left and the one on the right.

Find these things that have to do with track and field in the word search. Look up, down, backward, forward, and diagonally.

CROSSBAR
ENDURANCE
FINISH
HURDLE
INTERVAL
RELAY
RUNNING
SPIKES
START
TRAINING

```
O R D M I O C J L G K Y T E
T E I H Z N T K N N L W R J
U L U P C B T I X S X K W B
S A E D I O N E T Z M L H E
E Y A U J I B A R X R M V G
Y N T C A D R B P V H G L C
R Z D R L T S J R G A O I L
U L T U E L D R U H K L C T
N N N D R S P I K E S F J X
N L W T N A Y V X X J L W M
I E Z Z K S N F Q Y B D L V
N F I N I S H C H M K J A T
G M P A I O P D E R A M I N
N L R A B S S O R C U E E S
```

Fill in the empty squares so that each row, column, and square box contains the numbers 1–9 only once.

		7		6			1	2
8					2		6	
			3	4		5		
	7		8		5		2	1
6	2		1		7		5	
		3		7	1			
	1		9					3
2	4			8		1		

ANSWERS

Ready, Set, Go!

Find 10 differences between the picture on the left and the one on the right.

Find these things that have to do with track and field in the word search. Look up, down, backward, forward, and diagonally.

CROSSBAR

ENDURANCE

FINISH

HURDLE

INTERVAL

RELAY

RUNNING

SPIKES

START

TRAINING

O	R	D	M	I	O	C	J	L	G	K	Y	T	E
T	E	I	H	Z	N	T	K	N	N	L	W	R	J
U	L	U	P	C	B	T	I	X	S	X	K	W	B
S	A	E	D	I	O	N	E	T	Z	M	L	H	E
E	Y	A	U	J	I	B	A	R	X	R	M	V	G
Y	N	T	C	A	D	R	B	P	V	H	G	L	C
R	Z	D	R	L	T	S	J	R	G	A	O	I	L
U	L	T	U	E	L	D	R	U	H	K	L	C	T
N	N	N	D	R	S	P	I	K	E	S	F	J	X
N	L	W	T	N	A	Y	V	X	X	J	L	W	M
I	E	Z	Z	K	S	N	F	Q	Y	B	D	L	V
N	F	I	N	I	S	H	C	H	M	K	J	A	T
G	M	P	A	I	O	P	D	E	R	A	M	I	N
N	L	R	A	B	S	S	O	R	C	U	E	E	S

Fill in the empty squares so that each row, column, and square box contains the numbers 1-9 only once.

4	3	7	5	6	9	8	1	2
8	9	5	7	1	2	3	6	4
1	6	2	3	4	8	5	9	7
3	7	4	8	9	5	6	2	1
9	5	1	4	2	6	7	3	8
6	2	8	1	3	7	4	5	9
5	8	3	2	7	1	9	4	6
7	1	6	9	5	4	2	8	3
2	4	9	6	8	3	1	7	5

Flower Frenzy

Search, find, and circle these 10 things.

ANCHOR COW SNOW BLOWER

BIPLANE ICE SKATES TREE ORNAMENT

CHESS PIECE LION WINDMILL

MOUSE

Find these things that have to do with a garden in the word search. Look up, down, backward, forward, and diagonally.

```
R Y Y R D P M M L R X L H
E X S L K B P T X E K W N
Z W E I Y C I L L G S Q A
I H F O W M K W A O O Q C
L E B S W E B M D N W Q G
I E D V K M E A M P T S N
T L S S X S B D D P H S I
R B F K F X B T E E U N R
E A G L O V E S A R S Z E
F R O L S H N R W F P Z T
J R J L U I S F U S V C A
R O H K R A K E T J G Y W
G W N O C S R E W O L F Q
```

FERTILIZER	SHEARS
FLOWERS	SOIL
GLOVES	WATERING CAN
PLANTS	WEEDER
RAKE	WHEELBARROW

Code key

!=A	<=N
@=B	>=O
#=C	[=P
‡=D	]=Q
%=E	□=R
^=F	□=S
&=G	□=T
*=H	'=U
(=I	?=V
+=J	/=W
)=K	\=X
;=L	}=Y
:=M	{=Z

Use the code key to the left to decode and solve this riddle.

Answers on the back.

ANSWERS

Flower Frenzy

Search, find, and circle these 10 things.

ANCHOR	COW	SNOW BLOWER
BIPLANE	ICE SKATES	TREE ORNAMENT
CHESS PIECE	LION	WINDMILL
	MOUSE	

Find these things that have to do with a garden in the word search. Look up, down, backward, forward, and diagonally.

FERTILIZER	SHEARS
FLOWERS	SOIL
GLOVES	WATERING CAN
PLANTS	WEEDER
RAKE	WHEELBARROW

Use the code key to the left to decode and solve this riddle.

!=A <=N
@=B >=O
#=C [=P
¦=D]=Q
%=E ⊓=R
^=F ⊓=S
&=G ⊓=T
*=H '=U
(=I ?=V
+=J /=W
)=K \=X
;=L |=Y
:=M {=Z

WHAT KIND OF FLOWER DOES EVERYONE HAVE?

TWO LIPS

A Day at the Zoo

Can you find the two pictures that are exactly alike?

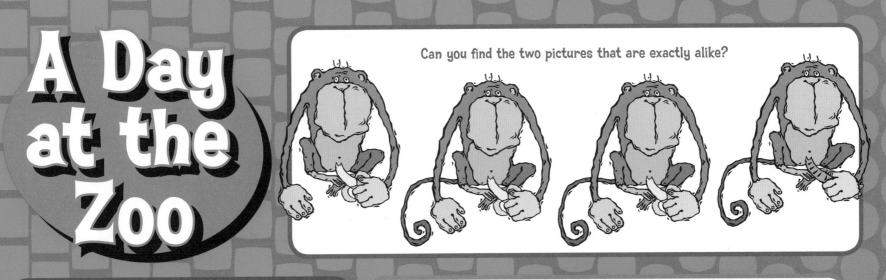

Find three sets of two objects that rhyme with each other.

Search, find, and circle these 10 things.

BALLOON

BANANAS (3)

CLOUDS (2)

DOG

FISH

FROG

ICE CREAM (3)

LEAVES (2)

PARROT

TIGER

A Day at the Zoo

Can you find the two pictures that are exactly alike?

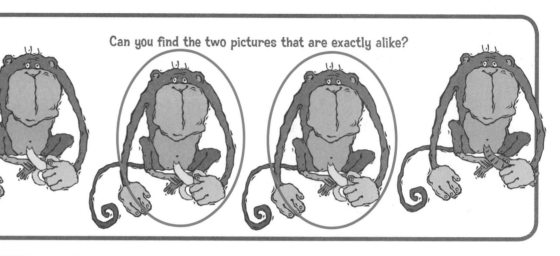

Find three sets of two objects that rhyme with each other.

Search, find, and circle these 10 things.

BALLOON

BANANAS (3)

CLOUDS (2)

DOG

FISH

FROG

ICE CREAM (3)

LEAVES (2)

PARROT

TIGER

Changing Seasons

Find these things that have to do with autumn. Look up, down, backward, forward, and diagonally.

APPLES   DOUGHNUT

BASKET   FIREPLACE

CHOCOLATE   FOLIAGE

CIDER   HARVEST

PUMPKIN

SWEATER

```
I S W J X V Z K J E U N D E
I W O K Z U C W O Y F F M R Z
X E T Z T U R S R E F K T W Q
L A U H N K V E C W N E E S F
B T N O N T D G P Q K C G E K
T E H Q J I I Y D S E H A L Z
P R G W C B K F A I F O I P Y
H C U L O I Z B X U I C L P W
A C O F J A K H F I R O O A Y
R B D M Z M Z W U Q E L F U A
V Z N Y L Q Z X C Z P A M P V
E W J N F V J J U C L T U O Z
S A P U M P K I N N A E I P I
T G N W Z F I L D N C J Q E O
K F N H Z F D Z E Z E G M J I
```

Solve this rebus puzzle to discover a great place for summer fun.

_ _ _ _

_ _ _ _ _

Follow the path from Start to Finish to get the snowmobiler to his home.

START

FINISH

Answers on the back.

ANSWERS

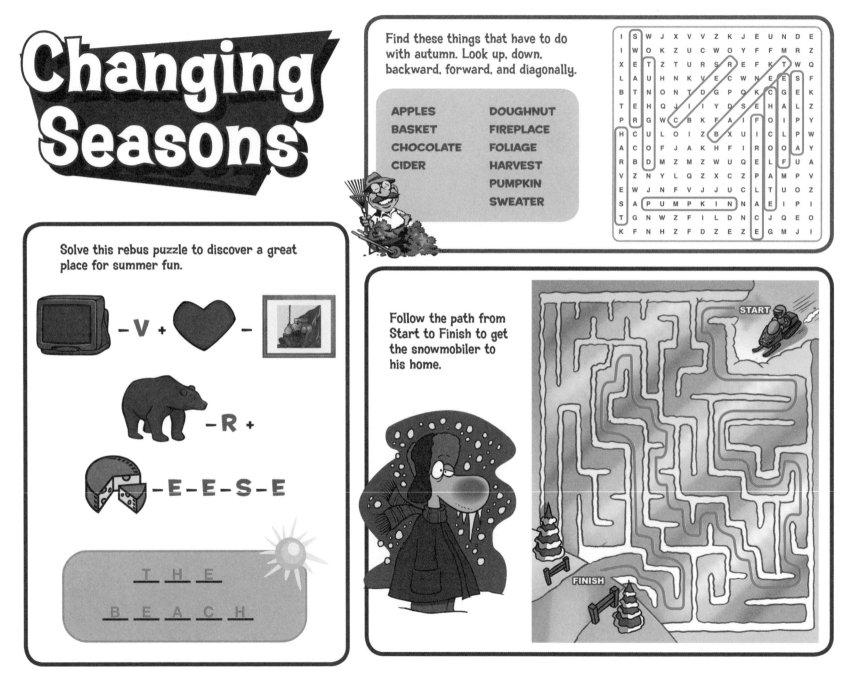

Changing Seasons

Solve this rebus puzzle to discover a great place for summer fun.

[TV] – V + [heart] – [tent]

[bear] – R +

[cheese] – E – E – S – E

T H E
B E A C H

Find these things that have to do with autumn. Look up, down, backward, forward, and diagonally.

APPLES
BASKET
CHOCOLATE
CIDER

DOUGHNUT
FIREPLACE
FOLIAGE
HARVEST
PUMPKIN
SWEATER

Follow the path from Start to Finish to get the snowmobiler to his home.

START

FINISH

Things That Go!

Find 10 differences between the picture on the left and the one on the right.

Follow the path from Start to Finish to help the train get to the station.

START

STATION

FINISH

Use the pictures below to complete this crossword puzzle about modes of transportation.

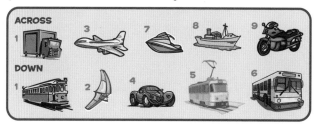

ACROSS

1 3 7 8 9

DOWN

1 2 4 5 6

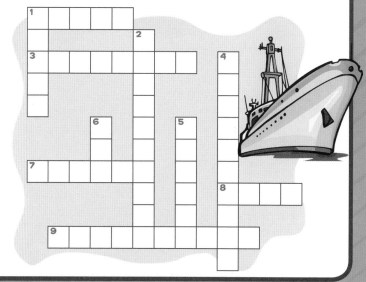

Answers on the back.

ANSWERS

Things That Go!

Find 10 differences between the picture on the left and the one on the right.

Follow the path from Start to Finish to help the train get to the station.

START

FINISH

Use the pictures below to complete this crossword puzzle about modes of transportation.

ACROSS

DOWN

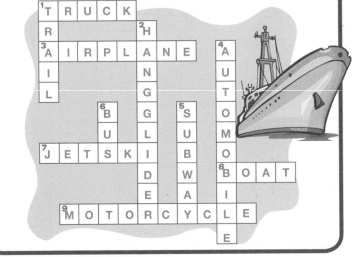

Crossword:

- 1 Across: TRUCK
- 3 Across: AIRPLANE
- 7 Across: JETSKI
- 8 Across: BOAT
- 9 Across: MOTORCYCLE
- 1 Down: RAIL
- 2 Down: HANGGLIDE
- 4 Down: AUTOMOBILE
- 5 Down: SUBWAY
- 6 Down: BUILDE

Read All About It

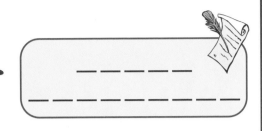

E + [glass] − K + Y

D + [ice/butter] − E + [king]

− G + S + 1 − E

Solve this rebus puzzle to learn the name of a great American poet.

_ _ _ _ _ _
_ _ _ _ _ _ _ _ _

Find these well-known authors in the word search. Look up, down, backward, forward, and diagonally.

ALCOTT　　**CUMMINGS**　　**LONDON**
ANDERSON　**DICKINSON**　**SHAKESPEARE**
CARROLL　　**HEMINGWAY**　**WHITMAN**
　　　　　　HITCHCOCK

```
R D H F V M O W G U O R X I C Y P W V X
G P S S C O T Y D Q Q O O P K S F V P G
S B Q G H E D H L T H K O B J O M M M L
P U K J E A U W R Z I Q W G J P N O Y W
O J R C Q Z K N I H Z E V U E N H Q O T
F O R U K P F E F M W I P N K O E L V F
N O P Y A K W G S M D P R J C U M P L P
Y Y L L N S M L Q P Z D T G O S I P A X
L B C A R R O L L B E N F W C V N J X F
H L T L M O J N M O A A R U H H G D C B
J G T B K C S D N M N D R O C A W L Q I
Q S Z I E Y N D T A E D P E T F A U Q D
U D U O R V U I I W R E O S I V Y C S I
C G Q P X C H U O E S Y Z N H N B G D C
F Z N T O W C L O R Q F T J F K N V A K
R L B B S D R P F Q T W X X X I I Z W I
Q Q B G S K V I B A V B R J M D J R O N
G D N N O S R E D N A I A M I D D R E S
O T A Z D R G G D B Y I U X I J X T S O
G H G T T O C L A A D C S X E F Y E F N
```

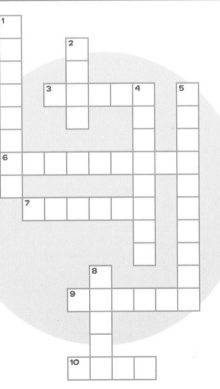

Use the clues below to complete this crossword puzzle about various reading materials.

across
3　Pictures and words
6　Out every day
7　Write it for school.
9　Rhymes sometimes
10　Performed on a stage

DOWN
1　Weekly or monthly
2　Between two covers
4　Read it on screen.
5　Small tale
8　Full-length fiction book

Answers on the back.

Read All About It

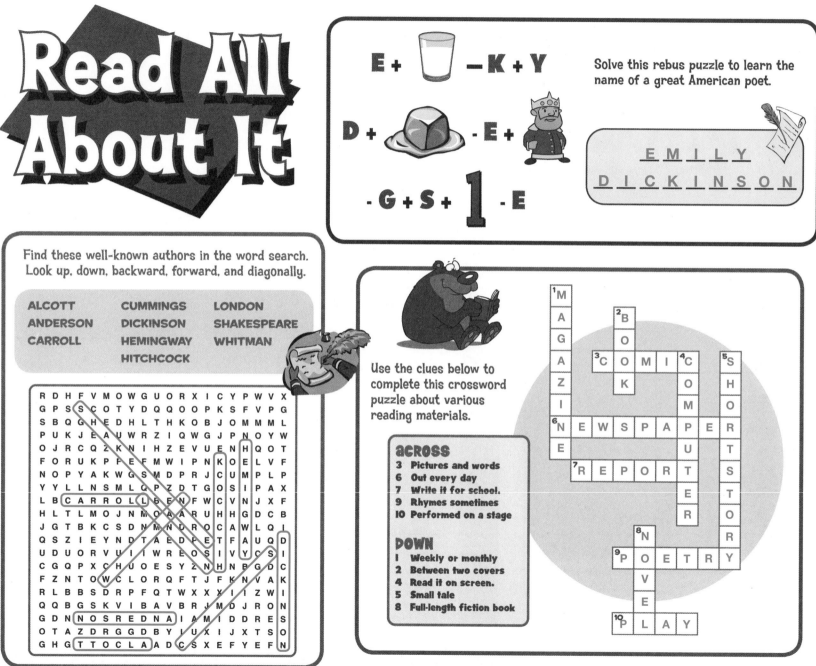

Solve this rebus puzzle to learn the name of a great American poet.

E + [glass] − K + Y

D + [rock on plate] − E + [king]

− G + S + **1** − E

E M I L Y
D I C K I N S O N

Find these well-known authors in the word search. Look up, down, backward, forward, and diagonally.

ALCOTT	CUMMINGS	LONDON
ANDERSON	DICKINSON	SHAKESPEARE
CARROLL	HEMINGWAY	WHITMAN
	HITCHCOCK	

```
R D H F V M O W G U O R X I C Y P W V X
G P S S C O T Y D Q Q O P K S F V P G
S B Q G H E D H L T H K O B J O M M M L
P U K J E A U W R Z I Q W G J P N O Y W
O J R C Q Z K N I H Z E V U E N H Q O T
F O R U K P F E F M W I P N K O E L V F
N O P Y A K W G S M D P R J C U M P L P
Y Y L L N S M L Q P Z D T G O S I P A X
L B C A R R O L L B E N F W C V N J X F
H L T L M O J N M O A A R U H C G D C B
J G T B K C S D N M N D R C A L W L Q I
Q S Z I E Y N D T A E D P E T F A U Q D
U D U O R V U I I W R E O S I V C S I C
C G Q P X C H U O E S Y Z N H B G D K
F Z N T O W C L O R Q F T J F K N V A K
R L B B S D R P F Q T W X X X I I Z W I
Q Q B G S K V I B A V B R J M D J R O N
G D N N O S R E D N A I A M I D D R E S
O T A Z D R G G B Y U X I J X T S O N
G H G T T O C L A A D C S X E F Y E F N
```

Use the clues below to complete this crossword puzzle about various reading materials.

across
3 Pictures and words
6 Out every day
7 Write it for school.
9 Rhymes sometimes
10 Performed on a stage

DOWN
1 Weekly or monthly
2 Between two covers
4 Read it on screen.
5 Small tale
8 Full-length fiction book

Crossword solution:
1. MAGAZINE
2. BOOK
3. COMIC
4. COM(PUTER)
5. SHORT STORY
6. NEWSPAPER
7. REPORTER
8. NOVEL
9. POETRY
10. PLAY

Traveling Circus

Search, find, and circle these 10 things.

BALLOONS (14)	FIRE HYDRANT	PARTY HAT
BANJO	HAMBURGERS (2)	PENGUIN
CRICKET	MOUSE	TURTLES (4)
	NECKTIE (3)	

Find these things in the word search that have to do with the circus. Look up, down, backward, forward, and diagonally.

ACROBATIC

AEROBATIC

CLOWN

ELEPHANT

JUGGLER

LION

MAGICIAN

TAMER

TRAPEZE

TUMBLING

```
A G Y B C L X I P F L J K T C
C P E P M R G T B C N Q Q R I
R E H L P J N N E Z L B W C T
O Q V D E Z P T I J D O V R A
B U H E I P A G Q L P B W B B
A J Y Q F J H T M N B Z H N O
T O T V D H A A T G S M I B R
I I O E U J K S N S P Z U M E
C G J K J N K H K T A E T T A
C W R E L G G U J O Z L X T D
S M A G I C I A N E I M O D S
A R U R Z E A N P O D S Q U T
F O C I Y D K A N A H A Q F R
M R C D Q J R E M A T S X Z O
D S J M X T V V F C G C W B A
```

Follow the path from Start to Finish to get from the lion stand to the center of the maze.

Answers on the back.

ANSWERS

Traveling Circus

Search, find, and circle these 10 things.

BALLOONS (14)	FIRE HYDRANT	PARTY HAT
BANJO	HAMBURGERS (2)	PENGUIN
CRICKET	MOUSE	TURTLES (4)
	NECKTIE (3)	

Find these things in the word search that have to do with the circus. Look up, down, backward, forward, and diagonally.

ACROBATIC
AEROBATIC
CLOWN
ELEPHANT
JUGGLER
LION
MAGICIAN
TAMER
TRAPEZE
TUMBLING

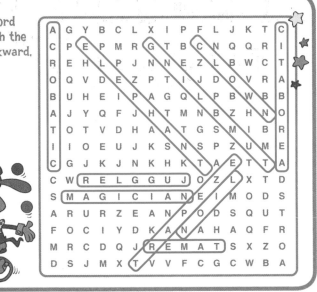

Follow the path from Start to Finish to get from the lion stand to the center of the maze.

Nature Notes

Solve this rebus puzzle to discover the name of one of America's most beautiful natural wonders.

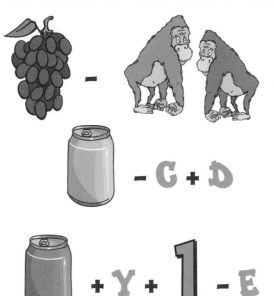

___ ___ ___ ___ ___

___ ___ ___ ___ ___ ___

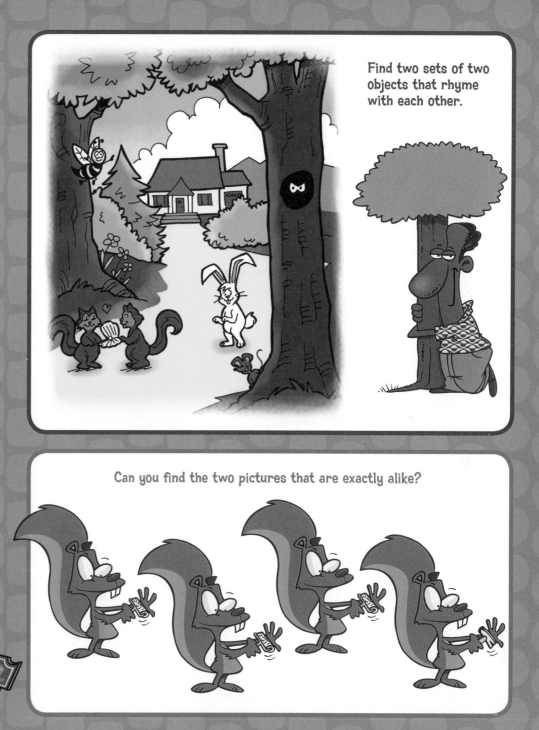

Find two sets of two objects that rhyme with each other.

Can you find the two pictures that are exactly alike?

Nature Notes

Solve this rebus puzzle to discover the name of one of America's most beautiful natural wonders.

- — — — C + D

+ Y + 1 — E

G R A N D
C A N Y O N

Find two sets of two objects that rhyme with each other.

house

pearl

squirrel

mouse

Can you find the two pictures that are exactly alike?

Under the Sea

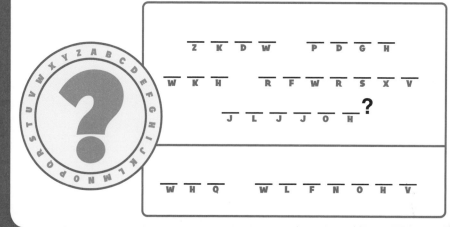

Write the letter that comes three letters before each letter shown below to decode and solve this riddle.

?

Z K D W   P D G H
___ ___ ___   ___ ___ ___ ___

W K H   R F W R S X V
___ ___ ___   ___ ___ ___ ___ ___ ___

J L J J O H ?
___ ___ ___ ___ ___ ___

W H Q   W L F N O H V
___ ___ ___   ___ ___ ___ ___ ___ ___

Solve this rebus puzzle to find something that lives in the ocean.

– B + L +

– B – AD +

– L

_ _ _ _ _ _ _

_ _ _ _ _

Search, find, and circle these 10 things.

CLOCK

DENTURES

DOG

FOOTBALL

HEADPHONES

LAWN MOWER

PAINTBRUSH

PIZZA BOX

SNOWMAN

TRUMPET

Answers on the back.

ANSWERS

Under the Sea

Write the letter that comes three letters before each letter shown below to decode and solve this riddle.

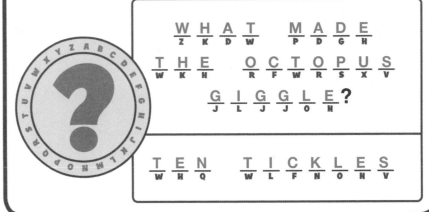

W	H	A	T		M	A	D	E
Z	K	D	W		P	D	G	H

T	H	E		O	C	T	O	P	U	S
W	K	H		R	F	W	R	S	X	V

G I G G L E?
J L J J O H

T E N   T I C K L E S
W H Q   W L F N O H V

Solve this rebus puzzle to find something that lives in the ocean.

– B + L +

– B – AD +

– L

C O R A L

R E E F

Search, find, and circle these 10 things.

CLOCK

DENTURES

DOG

FOOTBALL

HEADPHONES

LAWN MOWER

PAINTBRUSH

PIZZA BOX

SNOWMAN

TRUMPET

Snack Time

 Use the clues below to complete this crossword puzzle about snacks.

ACROSS
4 Fresh and natural
6 Eat it at your birthday party
7 Frozen sweet treat
9 Thick and chocolaty
10 Liquid ice-cream drink

DOWN
1 Baked chocolate squares
2 Apple, pumpkin, chocolate cream
3 Lots in a box
5 Soft and sweet, chocolate or butterscotch
8 Drink it with cookies

Find these types of cookies in the word search. Look up, down, backward, forward, and diagonally.

BISCOTTI

BUTTER

CHOCOLATE CHIP

GINGERSNAP

LINZER

OATMEAL

PEANUT BUTTER

SHORTBREAD

SNICKERDOODLE

SUGAR

```
Q L G E O G G Z L M A O N P R
W I T T O C S I B I O S E M X
P S S E S Q Y S D E N A B C S
I S Y F U Q O M X M N Z E K N
H N H X G L H K H U X T E B I
C P Z O A F T L T T P E T R C
E A D J R B Y B A E A R W A K
T N L W G T U P L E F G Q I E
A S R N I T B H K Z M T G F R
L R Z E T O U R C S H T P Q D
O E Y E T F L B E S X S A D O
C G R C O T E W K A Y E D O O
O N S V D J U B H S D H R B D
H I N Q B F U B V R O S C M L
C G Q A H I G U N S Z E K A E
```

ANSWERS

Find 10 differences between the picture on the left and the one on the right.

Snack Time

Use the clues below to complete this crossword puzzle about snacks.

ACROSS
4 Fresh and natural
6 Eat it at your birthday party
7 Frozen sweet treat
9 Thick and chocolaty
10 Liquid ice-cream drink

DOWN
1 Baked chocolate squares
2 Apple, pumpkin, chocolate cream
3 Lots in a box
5 Soft and sweet, chocolate or butterscotch
8 Drink it with cookies

Crossword answers:
- 4 ACROSS: FRUIT
- 6 ACROSS: CAKE
- 7 ACROSS: ICECREAM
- 9 ACROSS: FUDGE
- 10 ACROSS: SHAKE
- 1 DOWN: BROWNIE
- 2 DOWN: PIE
- 3 DOWN: COOKIE
- 5 DOWN: PUDDING
- 8 DOWN: MILK

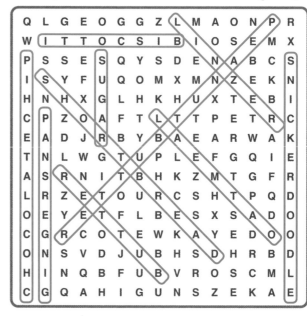

Find these types of cookies in the word search. Look up, down, backward, forward, and diagonally.

BISCOTTI

BUTTER

CHOCOLATE CHIP

GINGERSNAP

LINZER

OATMEAL

PEANUT BUTTER

SHORTBREAD

SNICKERDOODLE

SUGAR

Word search grid:

```
Q L G E O G G Z L M A O N P R
W I T T O C S I B I O S E M X
P S S E S Q Y S D E N A B C S
I S Y F U Q O M X M N Z E K N
H N H X G L H K H U X T E B I
C P Z O A F T L T T P E T R C
E A D J R B Y B A E A R W A K
T N L W G T U P L E F G Q I E
A S R N I T B H K Z M T G F R
L R Z E T O U R C S H T P Q D
O E Y E T F L B E S X S A D O
C G R C O T E W K A Y E D O O
O N S V D J U B H S D H R B D
H I N Q B F U B V R O S C M L
C G Q A H I G U N S Z E K A E
```

Dino Paradise

```
S R K G H X I Z D R Y G D Q F T C A E M
G F K M K J Y M C M O E U C T I R W O D
R N Y J J M D R Z R I T H E T F J Y Q T
I U I T R F T G E N E D P Y F N V E G W
Z R X Z K H V G O T S T R A J N P K N B
Z O S B J T N N I P P A A J R C L N R Q
L T Z U L I Y J O V N O L C H H A V L A
Y P K X R C J T T N L D E S E F A J B N
P A A W H U A E O V H F A A C O O T N C
Y R P U W R A S R L E N E L H M U T U X
N I S P E O A S N M F Z N D W C G S E P
B V Q C G U D T O Q A H A D H M R E H P
L O I B R V C Q M G A T M J X I C A M K
Q R V U Q M M L E Z E I L H K M V W U I
T W S R X C A Z Q C V T G T M B D T S R
C S S U R U A S O L L A S M M A B C Z Y
P A R A S A U R O L O P H U S C Q P S M
H W Y N K O D W A U G U T I A Q L X D P
C F X K C X A P A T O S A U R U S K A E
H P X W K D P Y V U C R X K Q D R P W S
```

Find these types of dinosaurs in the word search. Look up, down, backward, forward, and diagonally.

ALLOSAURUS
APATOSAURUS
ARCHAEOPTERYX
CRETACEOUS
DEINONYCHUS
OVIRAPTOR
PARASAUROLOPHUS
STEGOSAURUS
TRICERATOPS
TYRANNOSAURUS
UTAHRAPTOR

Search, find, and circle these 10 things.

BABY CARRIAGE
BASKETBALL
BERET
CAKE
CHEESE
FEATHER
PAIL
POPCORN
SLIDE
VOLLEYBALLS (2)

Can you find the two pictures that are exactly alike?

ANSWERS

Dino Paradise

Find these types of dinosaurs in the word search. Look up, down, backward, forward, and diagonally.

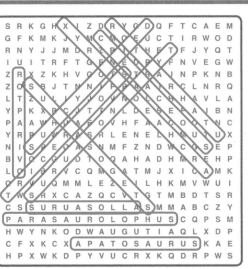

```
S R K G H X I Z D R Y C D Q F T C A E M
G F K M K J Y M C M O E U C T I R W O D
R N Y J J M D R Z P I T H E T F J Y Q T
I U I T R F T G E M E D P V N V E G W W
Z R Z K H V C O F S T G A A E T C L N R Q
Z O S B J T N N P P R A I N A H A V L A N
L Y T Z U L I Y J O H M O I C H H A V L A
Y P K A R C I T F N L D E S E E P I B N C
P A A W H I A E O V H F A A O O T N C
Y N R I U M R A G R L E N E L H M U U X
N S B E D A S N M F Z N D W C G S E P
B V O C G U D T O Q A H A D H M R E M
L C I R V C Q M G A T M J X I C A M K
Q R V U Q M M L E Z E I L H K M V W U I
T W S R X C A Z Q C V T G T M B D T S R
C S S U R U A S O L L A S M M A B C Z Y
P A R A S A U R O L O P H U S C Q P S M
H W Y N K O D W A U G U T I A Q L X D P
C F X K C X A P A T O S A U R U S K A E
H P X W K D P Y V U C R X K Q D R P W S
```

ALLOSAURUS
APATOSAURUS
ARCHAEOPTERYX
CRETACEOUS
DEINONYCHUS
OVIRAPTOR
PARASAUROLOPHUS
STEGOSAURUS
TRICERATOPS
TYRANNOSAURUS
UTAHRAPTOR

Search, find, and circle these 10 things.

BABY CARRIAGE
BASKETBALL
BERET
CAKE
CHEESE
FEATHER
PAIL
POPCORN
SLIDE
VOLLEYBALLS (2)

Can you find the two pictures that are exactly alike?

Skating Fun

Find 10 differences between the picture on the left and the one on the right.

Follow the path from Start to Finish to help the bear in purple get to the finish line.

FINISH

START

Search, find, and circle these 10 things.

BASEBALLS (5)

CACTUS

CLARINET

DOUGHNUT

EARMUFFS

IGLOO

JACK-O'-LANTERN

LAMPSHADE

SNOWMAN

VIDEO CAMERA

ANSWERS

Follow the path from Start to Finish to help the bear in purple get to the finish line.

FINISH

START

Find 10 differences between the picture on the left and the one on the right.

Search, find, and circle these 10 things.

BASEBALLS (5)

CACTUS

CLARINET

DOUGHNUT

EARMUFFS

IGLOO

JACK-O'-LANTERN

LAMPSHADE

SNOWMAN

VIDEO CAMERA

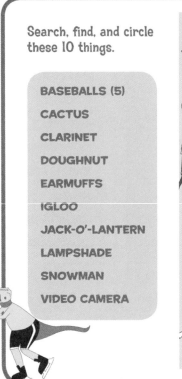

Party Time

Use the code key below to decode and solve this riddle.

1=A	8=H	15=O	22=V
2=B	9=I	16=P	23=W
3=C	10=J	17=Q	24=X
4=D	11=K	18=R	25=Y
5=E	12=L	19=S	26=Z
6=F	13=M	20=T	21=U
7=G	14=N	21=U	

Riddle:
23 8 1 20   7 15 5 19   21 16

2 21 20   14 5 22 5 18

3 15 13 5 19   4 15 23 14 ?

25 15 21 18   1 7 5

Guide this boy to the birthday cake by choosing the path made of odd numbers only. You can only go up and down—not diagonally.

Start

5	7	10	16	4	12
11	2	13	8	11	23
3	14	7	21	8	3
21	1	3	25	2	5
6	20	18	15	8	4
2	12	6	5	7	9
4	19	3	17	6	2
10	1	12	22	28	14
2	21	5	13	10	16
6	17	4	19	12	9
3	5	8	27	11	5

Finish

ACROSS
3
5
7
8

DOWN
1
2
4
6

Use the pictures to the left to complete this crossword puzzle about parties.

ANSWERS

Party Time

Guide this boy to the birthday cake by choosing the path made of odd numbers only. You can only go up and down—not diagonally.

Start

5	7	10	16	4	12
11	2	13	8	11	23
3	14	7	21	8	3
21	1	3	25	2	5
6	20	18	15	8	4
2	12	6	5	7	9
4	19	3	17	6	2
10	1	12	22	28	14
2	21	5	13	10	16
6	17	4	19	12	9
3	5	8	27	11	5

Finish

Use the code key below to decode and solve this riddle.

1=A	8=H	15=O	22=V
2=B	9=I	16=P	23=W
3=C	10=J	17=Q	24=X
4=D	11=K	18=R	25=Y
5=E	12=L	19=S	26=Z
6=F	13=M	20=T	
7=G	14=N	21=U	

W H A T   G O E S   U P
23 8 1 20   7 15 5 19   21 16

B U T   N E V E R
2 21 20   14 5 22 5 18

C O M E S   D O W N ?
3 15 13 5 19   4 15 23 14

Y O U R   A G E
25 15 21 18   1 7 5

Use the pictures to the left to complete this crossword puzzle about parties.

ACROSS

3   5   7   8

DOWN

1   2   4   6

Crossword answers:

1 C
3 H A T
2 I
4 G
5 I C E C R E A M
(Down: C R E A M / I C C U E / K)
7 B A L L O O N
6 B Y
8 P R E S E N T

Time to Bake!

Find these things that have to do with baking in the word search. Look up, down, backward, forward, and diagonally.

BAKING SODA

BUTTER

EGGS

FLOUR

ICING

OIL

SALT

SHORTENING

SUGAR

VANILLA

```
A W Y J S I C I N G R R W Q
A H D U J U E R F W F E O R
Z I Q Y R T L H U E V B M S
L S Y R Q C C J R O K M Y I
U B H U W T G E S S H E A O
W C Q O B M B A N R R C D Y
R B R L R M L C Y E I E O V
I A M F E T G M X T J D S A
Q V G V C U E E Q T C D G N
U G O U N V J N I U P X N I
Z N U B S Q P L I B A Q I L
W H P W T F I H H N R H K L
A H L Z M O Y Y O J G R A A
E G G S O B L F M K B K B F
```

Unscramble the clues below to complete this crossword puzzle about baking.

across
1 LNAVILA _____
2 GEG _____
3 LORUF _____
4 TRETBU _____

down
5 KGBANI WOPEDR

6 GUSRA _____

ANSWERS

Time to Bake!

Find 10 differences between the picture on the left and the one on the right.

FLOUR

FLOUR

Find these things that have to do with baking in the word search. Look up, down, backward, forward, and diagonally.

BAKING SODA

BUTTER

EGGS

FLOUR

ICING

OIL

SALT

SHORTENING

SUGAR

VANILLA

```
A W Y J S  I C I N G  R R W Q
A H D U J U E R F W F E O R
Z I Q Y R T L H U E V B M S
L S Y R Q C C J R O K M Y I
U B H U W T G E S S H E A O
W C Q O B M B A N R R C D Y
R B R L R M L C Y E I E O V
I A M F E T G M X T J D S A
Q V G V C U E E Q T C D G N
U G O U N V J N I U P X N I
Z N U B S Q P L I B A Q I L
W H P W T F I H H N R H K L
A H L Z M O Y Y O J G R A A
E G G S O B L F M K B K B F
```

Unscramble the clues below to complete this crossword puzzle about baking.

across
1 LNAVILA   VANILLA
2 GEG   EGG
3 LORUF   FLOUR
4 TRETBU   BUTTER

down
5 KGBANI WOPEDR
   BAKING POWDER
6 GUSRA   SUGAR

Crossword grid:

1 across: VANILLA
2 across: EGG
3 across: FLOUR
4 across: BUTTER
5 down: BAKING POWDER
6 down: SUGAR

Healthy Food

Can you find the two pictures that are exactly alike?

Find these types of healthy food in this word search. Look up, down, backward, forward, and diagonally.

```
R A I S I N S K D V E Z M
Q R E B I F X O R S Y A X
S T O V F D G E T O L L V
N J F N E R F Q G G Q W O E
A P Z I U H U U H H C N G
E Z W A X T R I O K U A E
B U B M D T S L T S R R T
G D W M Z W E D J G X G A
S S P G Y G N X S J T M B
G F J N R R R X T X N U L
G C S A P I Z B J M V W E
Q Y I C H I C K E N I D S
M N Y Q E K W I A C J O E
```

BEANS
CHICKEN
FIBER
FRUIT
GRANOLA
NUTS
RAISINS
VEGETABLES
WHOLE GRAIN
YOGURT

Follow the path from Start to Finish to help the boy get to the end of the strawberry field.

Answers on the back.

ANSWERS

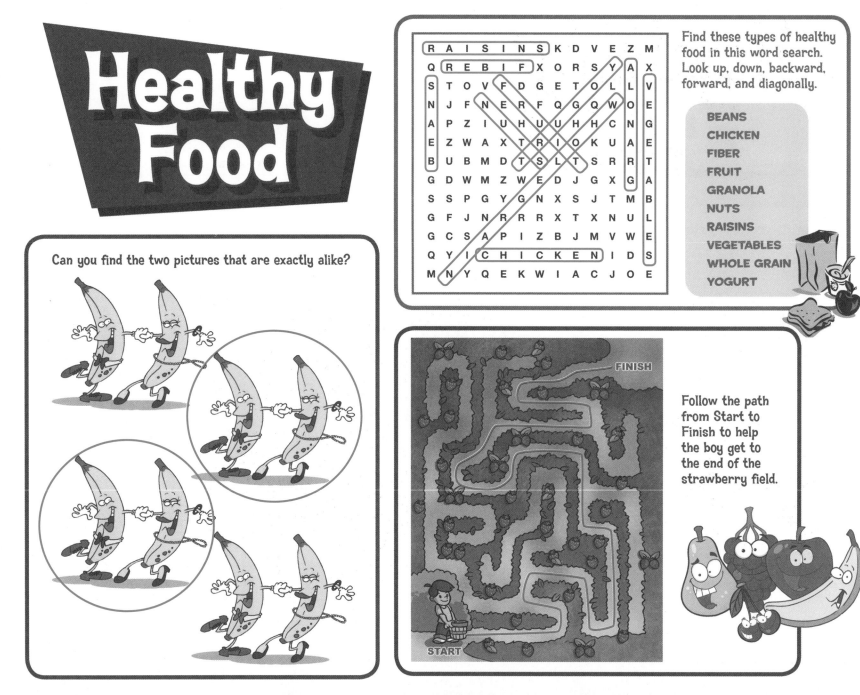

Can you find the two pictures that are exactly alike?

Find these types of healthy food in this word search. Look up, down, backward, forward, and diagonally.

BEANS
CHICKEN
FIBER
FRUIT
GRANOLA
NUTS
RAISINS
VEGETABLES
WHOLE GRAIN
YOGURT

R	A	I	S	I	N	S	K	D	V	E	Z	M
Q	R	E	B	I	F	X	O	R	S	Y	A	X
S	T	O	V	F	D	G	E	T	O	L	L	V
N	J	F	N	E	R	F	Q	G	Q	W	O	E
A	P	Z	I	U	H	U	U	H	H	C	N	G
E	Z	W	A	X	T	R	I	O	K	U	A	E
B	U	B	M	D	T	S	L	T	S	R	R	T
G	D	W	M	Z	W	E	D	J	G	X	G	A
S	S	P	G	Y	G	N	X	S	J	T	M	B
G	F	J	N	R	R	R	X	T	X	N	U	L
G	C	S	A	P	I	Z	B	J	M	V	W	E
Q	Y	I	C	H	I	C	K	E	N	I	D	S
M	N	Y	Q	E	K	W	I	A	C	J	O	E

Follow the path from Start to Finish to help the boy get to the end of the strawberry field.

FINISH

START

Fun & Games

Word Search

Find these backyard games in the word search. Look up, down, backward, forward, and diagonally.

BADMINTON
BASEBALL
BOCCE
CROQUET
FOOTBALL

HIDE AND SEEK
HORSESHOES
KICKBALL
TAG
VOLLEYBALL

```
S E O H S E S R O H T H O I
W P O E F G W L L E X C V I
J C B K C O K E U Q O S S K
S L L E G C O Q O G C D A A
I T L E K H O T R A V R A I
T A A S C R B F B T P N Y L
G O B D C K B J E A O S L O
U I Y N F U I C T T L L X U
U M E A F F C C N R A L L L
U A L E Q O G I K B O J K D
Y X L D B I M W E B C X D G
I G O I A D Z S W F A D C N
U A V H A R A A P M Q L C V
W I W B J B J J A T Q T L P
```

Crossword

Use the clues below to complete this crossword puzzle about various games and activities.

ACROSS
1 Kings and queens
5 Toss a ball back and forth.
8 Hand off the baton
9 Card game with bids
10 Three water birds
11 Two hands, no tackling

DOWN
2 Find the missing item.
3 Ready or not, here I come.
4 Spin the rope, jump
5 Jump my piece.
6 You're it!
7 Small glass balls

Seek & Find

Search, find, and circle these 10 things.

CHRISTMAS TREE
FLYING PIG
HOCKEY GOALIE
KANGAROO
LEPRECHAUN
ROWBOAT
SANTA CLAUS
STORK
TELESCOPE
ZEBRA

Answers on the back.

Fun & Games

Find these backyard games in the word search. Look up, down, backward, forward, and diagonally.

BADMINTON	**HIDE AND SEEK**
BASEBALL	**HORSESHOES**
BOCCE	**KICKBALL**
CROQUET	**TAG**
FOOTBALL	**VOLLEYBALL**

```
S E O H S E S R O H T H O I
W P O E F G W L L E X C V I
J C B K C O K E U Q O S S K
S L T L E G C O Q G C D A A
I T A L E K H O T R A V R A I
T G O B D C R B F B T P N Y L
U I Y B Y N F U I C T T L X U
U M E N A F F A O S L L
U A L E Q O G I K B O J K D
Y X L D B I M W E B C X D G
I G O I A D Z S W F A D C N
U A V H A R A A P M Q L C V
W I W B J B J J A T Q T L P
```

Use the clues below to complete this crossword puzzle about various games and activities.

across
1 Kings and queens
5 Toss a ball back and forth.
8 Hand off the baton
9 Card game with bids
10 Three water birds
11 Two hands, no tackling

DOWN
2 Find the missing item.
3 Ready or not, here I come.
4 Spin the rope, jump
5 Jump my piece.
6 You're it!
7 Small glass balls

Crossword answers:
- 1 Across: CHESS
- 5 Across: CATCH
- 8 Across: RELAYRACE
- 9 Across: BRIDGE
- 10 Across: DUCKDUCKGOOSE
- 11 Across: TOUCHFOOTBALL
- 2 Down: SCAVENGERHUNT
- 3 Down: HIDEANDSEEK
- 4 Down: JUMPROPE
- 5 Down: CHECKERS
- 6 Down: TAG
- 7 Down: MARBLES

Search, find, and circle these 10 things.

CHRISTMAS TREE

FLYING PIG

HOCKEY GOALIE

KANGAROO

LEPRECHAUN

ROWBOAT

SANTA CLAUS

STORK

TELESCOPE

ZEBRA

Shopping Spree

Use the clues below to complete this crossword puzzle about currency.

ACROSS
2 England
5 Israel
7 Twenty-five cents
8 Mexico
9 Ten cents

DOWN
1 Russia
3 United States
4 Five cents
6 Europe
8 One cent

Search, find, and circle these 10 things.

BASEBALL BAT

CANDY CANE

CD

DOMINO

ENVELOPE

NUTCRACKER

PUZZLE PIECE

RACCOON

TENNIS RACKET

WALKIE TALKIE

Find three sets of two objects that rhyme with each other.

ANSWERS

Shopping Spree

Use the clues below to complete this crossword puzzle about currency.

ACROSS
2 England
5 Israel
7 Twenty-five cents
8 Mexico
9 Ten cents

DOWN
1 Russia
3 United States
4 Five cents
6 Europe
8 One cent

Search, find, and circle these 10 things.

BASEBALL BAT

CANDY CANE

CD

DOMINO

ENVELOPE

NUTCRACKER

PUZZLE PIECE

RACCOON

TENNIS RACKET

WALKIE TALKIE

Find three sets of two objects that rhyme with each other.